Impressum
Verlag: BABADADA GmbH, Nedderfeld 112 , 22529 Hamburg
Geschäftsführer / Verlagsleitung: Harald Hof
Druck: Books on Demand GmbH, In de Tarpen 42, 22848 Norderstedt

Imprint
Publisher: BABADADA GmbH, Nedderfeld 112 , 22529 Hamburg, Germany
Managing Director / Publishing direction: Harald Hof
Print: Books on Demand GmbH, In de Tarpen 42, 22848 Norderstedt, Germany

школа
sekoly

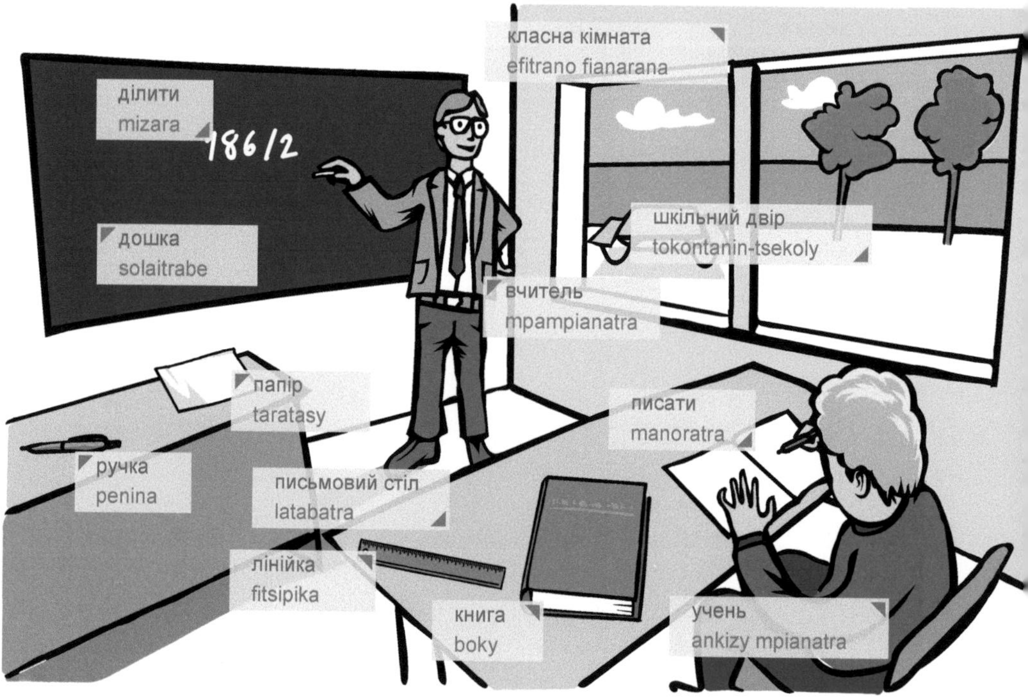
класна кімната
efitrano fianarana
ділити
mizara
186/2
дошка
solaitrabe
шкільний двір
tokontanin-tsekoly
вчитель
mpampianatra
папір
taratasy
писати
manoratra
ручка
penina
письмовий стіл
latabatra
лінійка
fitsipika
книга
boky
учень
ankizy mpianatra

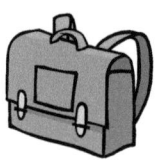

ранець

kitapo

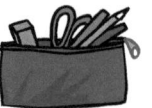

пенал

torosy

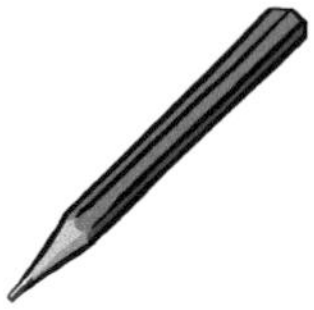

олівець

pensilihazo

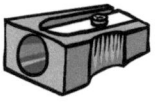

точило

fandrangitana pensilihazo

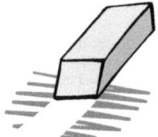

гумка

gaoma

альбом для малювання

karne fanaovana sary

малюнок

sary

пензель

borosy fandokoana

коробка фарб

boaty loko

ножиці

hety

клей

lakaoly

зошит

kahie fampiasàna

домашнє завдання

enti-mody

12

число

tarehi-marika

2+2

додавати

manampy

5-2

віднімати

manala

2×2

множити

mampitombo

рахувати

mikajy

A

літера

taratasy

ABCDEFG
HIJKLMN
OPQRSTU
VWXYZ

абетка

abidia

hello

слово

teny

текст

lahatsoratra

читати

mamaky

крейда

tsaoka

година

lesona

класний журнал

boky fianarana

екзамен

fanadinana

диплом

sertifikà

шкільна форма

fanamian'ny mpianatra

освіта

fiofanana

лексикон

raki-pahalalana

університет

oniversite

мікроскоп

mikraoskaopy

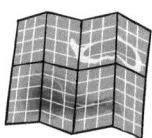

карта

sarintany

кошик для паперу

fanariana fako taratasy

подорож

fitsangatsanganana

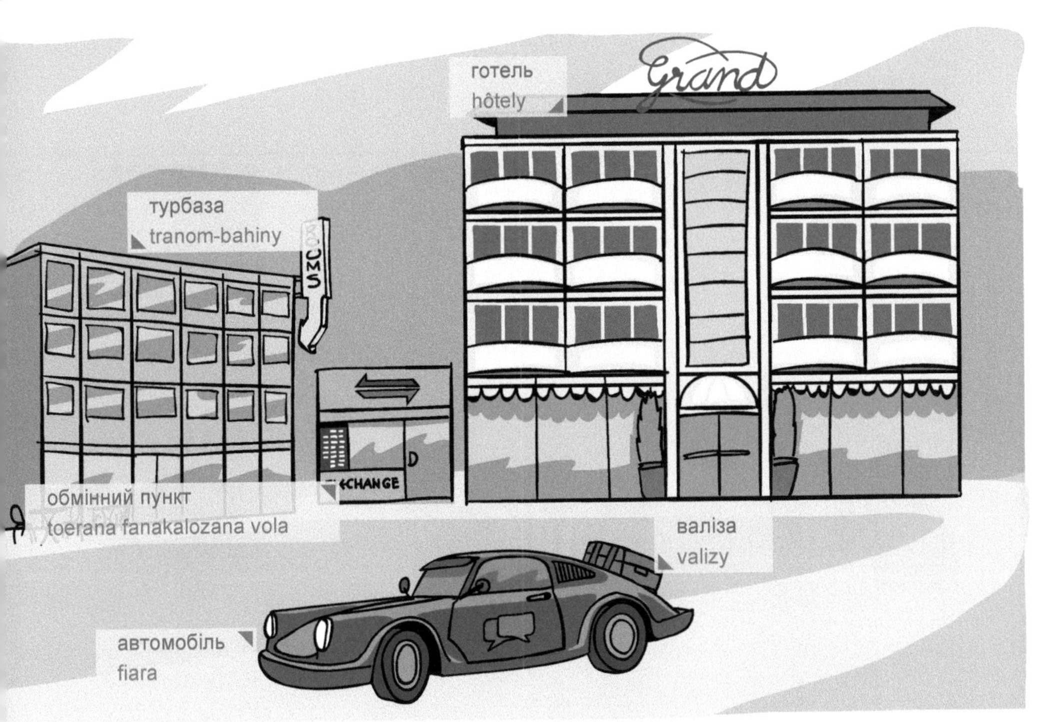

Grand
готель
hôtely
турбаза
tranom-bahiny
ROOMS
EXCHANGE
обмінний пункт
toerana fanakalozana vola
валіза
valizy
автомобіль
fiara

мова

fiteny

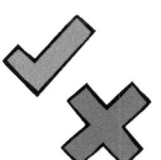

так / ні

eny / tsia

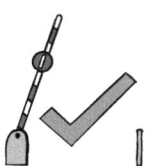

добре

Eny àry

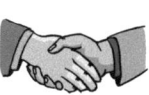

привіт

salama

перекладач

mpandika teny

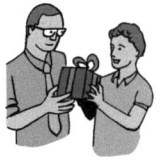

дякую

Misaotra

Скільки коштує ...?

ohatrinona...?

Я не розумію

Tsy azoko izany

проблема

olana

Добрий вечір!

Salama ô!

Доброго ранку!

Arahaba tra-maraina e!

На добраніч!

Tsara mandry ô!

До побачення

veloma

напрямок

fitantanana

багаж

entan'ny mpandeha

сумка

harona

рюкзак

kitapo

гість

vahiny

кімната

efitrano

спальний мішок

fandriana enti-tànana

намет

tanty

туристична інформація

birao miandraikitra ny fizahantany

пляж

moron-tsiraka

кредитна картка

fahana amin'ny karatra

сніданок

sakafo maraina

обід

sakafo atoandro

вечеря

sakafo hariva

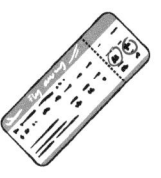

квиток

tapakila

ліфт

ascenseur

поштова марка

hajia

межа

tany manasaraka

митниця

fadin-tseranana

посольство

ambasady

віза

visa

паспорт

pasipaoro

транспорт

fitaterana

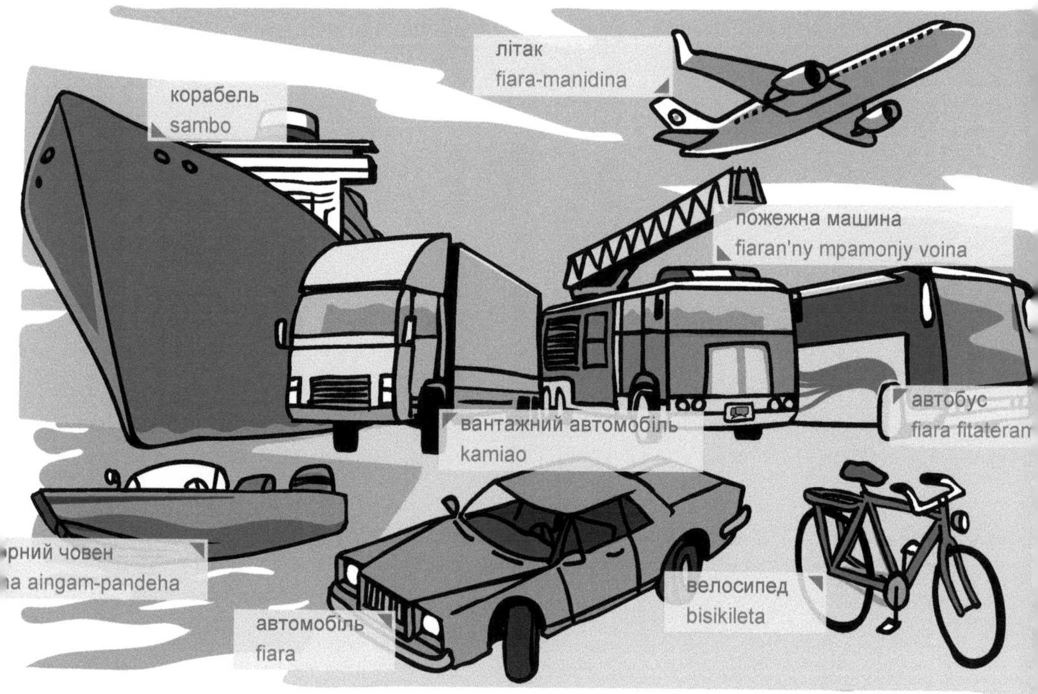

літак
fiara-manidina
корабель
sambo
пожежна машина
fiaran'ny mpamonjy voina
автобус
fiara fitateran
вантажний автомобіль
kamiao
рний човен
a aingam-pandeha
велосипед
bisikileta
автомобіль
fiara

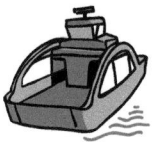

пором
sambobe

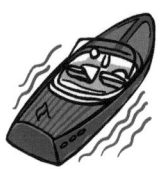

човен
sambo

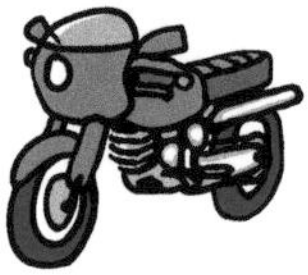

мотоцикл
môtô

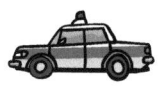

поліцейська машина
fiaran'ny polisy

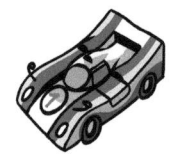

гоночний автомобіль
fiara mpihazakazaka

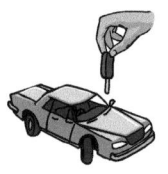

автомобіль на прокат
fiara fanofa

спільне користування авто

zara fiara

евакуатор

fiara etsy babeko

сміттєвоз

fiara mpitatitra fako

двигун

môtera

паливо

solika

автозаправна станція

tobin-tsolika

дорожній знак

tondro fifamoivoizana

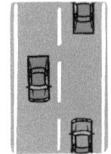

рух

fifamoivoizana

затор

fitohanan'ny fifamoivoizana

стоянка

fitobian'ny fiara

вокзал

fiantsonan'ny fiaran-dalamby

рейки

lalamby

потяг

fiaran-dalamby

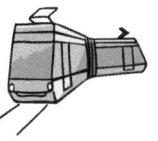

трамвай

tramway

вагон

kalesy

гелікоптер
angidimby

аеропорт
seranam-piaramanidina

вежа
tilikambo

пасажир
mpandeha

контейнер
kaontenera

коробка
baoritra

візок
chariot

кошик
harona

стартувати / приземлятися
miainga / midina

місто
renivohitra

село
ambanivohitra

центр міста
afovoan-tanàna

дім
trano

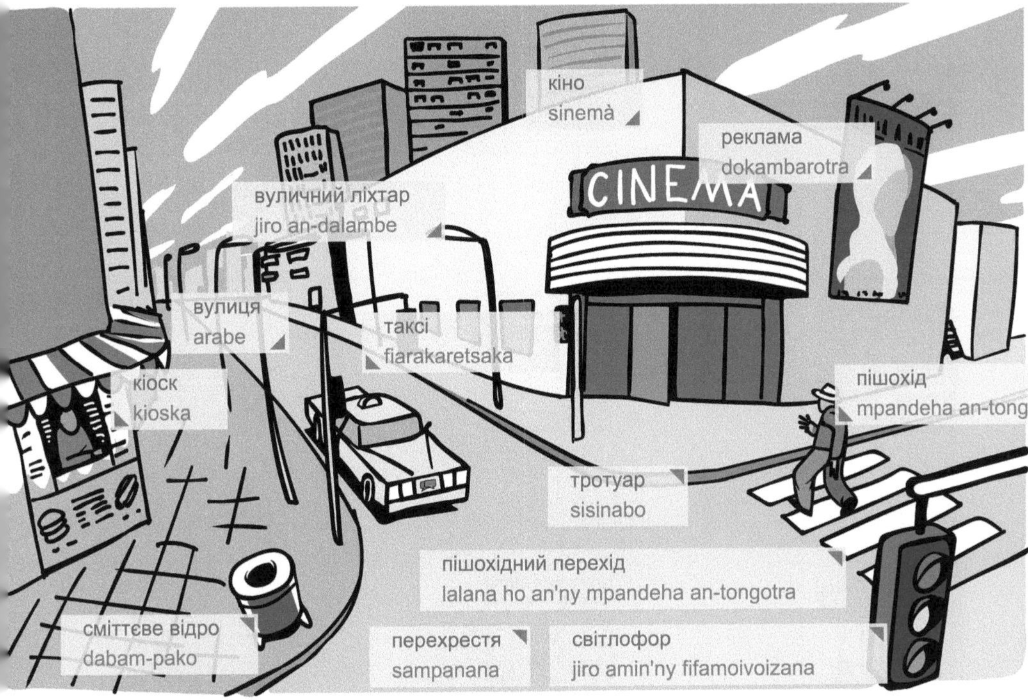

кіно
sinemà

реклама
dokambarotra

вуличний ліхтар
jiro an-dalambe

CINEMA

вулиця
arabe

таксі
fiarakaretsaka

кіоск
kioska

пішохід
mpandeha an-tongo

тротуар
sisinabo

пішохідний перехід
lalana ho an'ny mpandeha an-tongotra

сміттєве відро
dabam-pako

перехрестя
sampanana

світлофор
jiro amin'ny fifamoivoizana

хатина

trano bongo

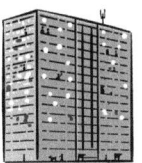

квартира

tranobe

вокзал

fiantsonan'ny fiaran-
dalamby

ратуша

firaisana

музей

donia

школа

sekoly

університет

oniversite

банк

banky

лікарня

hopitaly

готель

hôtely

аптека

farmasia

офіс

birao

книжковий магазин

fivarotam-boky

магазин

fivarotana

квітковий магазин

mpivarotra voninkazo

супермаркет

supermarché

ринок

tsena

універмаг

tranobe fivarotana

торговець рибою

mpivarotra trondro

торговельний центр

toeram-pivarotana lehibe

гавань

seranana

парк

valan-javaboary

лава

latabatra

міст

tetezana

сходи

totohatra

метро

metrô

тунель

tonelina

автобусна зупинка

fiantsonan'ny fiara
mpitondra olona

бар

bara

ресторан

toeram-pisakafoanana

поштова скринька

boatin-taratasy paositra

вулична табличка

famantarana an-arabe

лічильник паркування

parcmètre

зоопарк

valan-javaboary

басейн

dobo filomanosana

мечеть

moskea

ферма

toeram-pambolena

забруднення навколишнього середовища

loto

кладовище

fasana

церква

trano fiangonana

дитячий майданчик

tokontany filalaovana

храм

tempoly

ландшафт
endritany

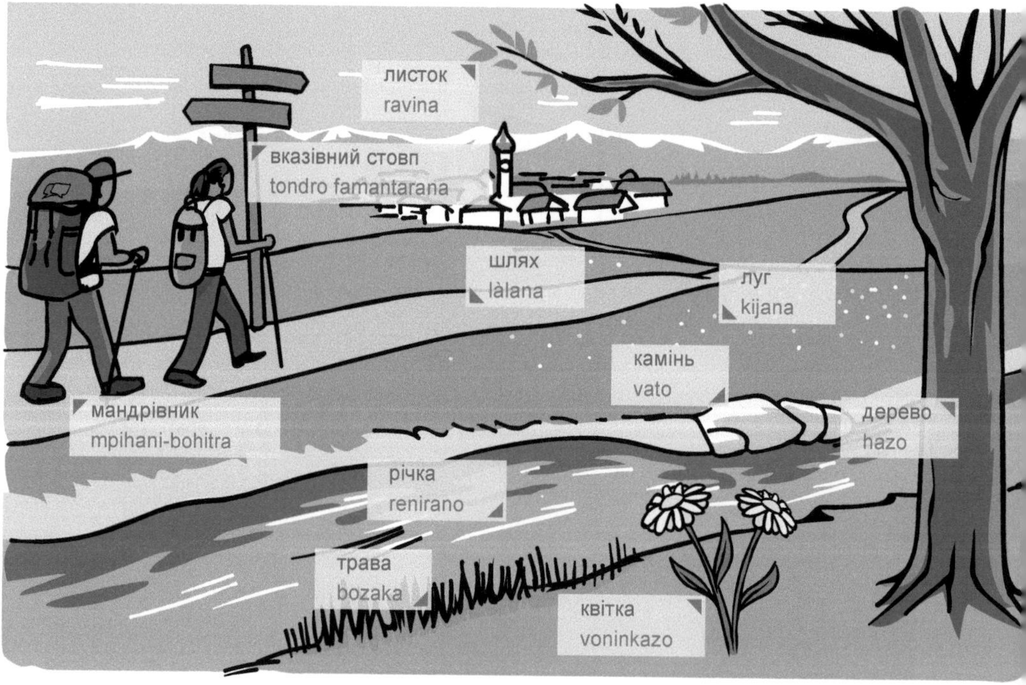

листок
ravina

вказівний стовп
tondro famantarana

шлях
làlana

луг
kijana

камінь
vato

мандрівник
mpihani-bohitra

дерево
hazo

річка
renirano

трава
bozaka

квітка
voninkazo

долина

lemaka

гора

vohitra

озеро

laka

ліс

ala

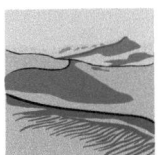

пустеля

tany hay

вулкан

volkano

замок

rova

веселка

avana

гриб

holatra

пальма

hazom-boanio

комар

moka

муха

lalitra

мурашка

vitsika

бджола

tantely

павук

hala

жук

voangory

жаба

sahona

вивірка

vontsira

їжак

trandraka

заєць

bitro

сова

vorondolo

птах

vorona

лебідь

gisabe

кабан

lambo

олень

cerf

лось

voalavo

гребля

toha-drano

вітряк

helisy ahodin-drivotra

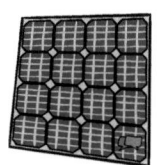

сонячний модуль

takela-masoandro

клімат

toetr'andro

ресторан
toeram-pisakafoanana

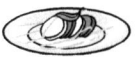

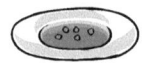

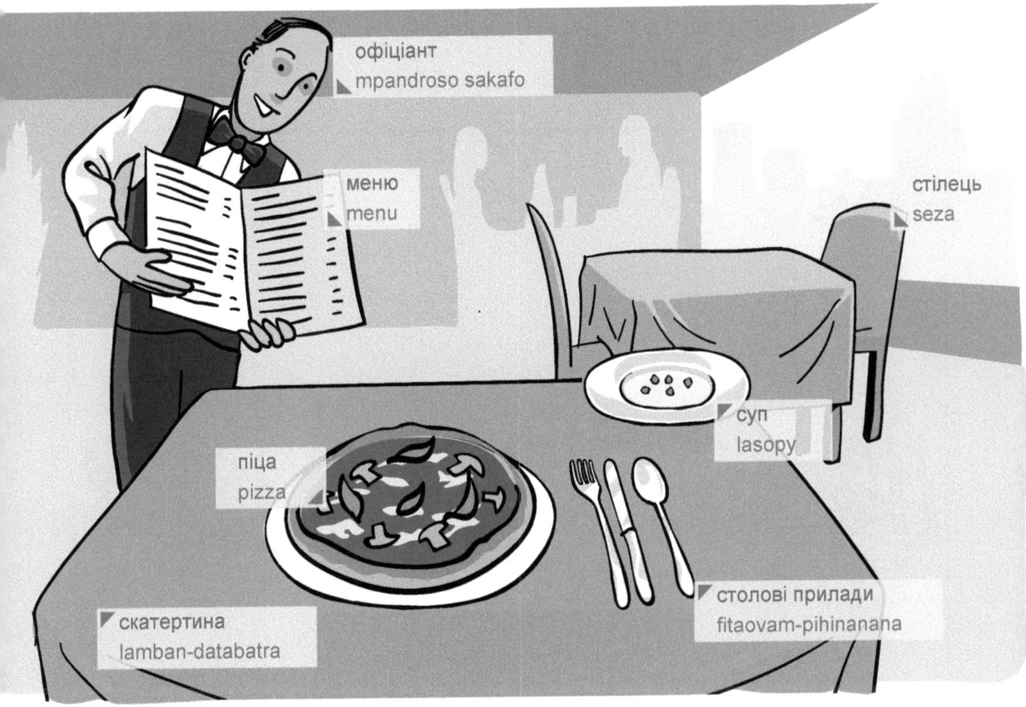
офіціант
mpandroso sakafo
меню
menu
стілець
seza
суп
lasopy
піца
pizza
столові прилади
fitaovam-pihinanana
скатертина
lamban-databatra

закуска

entrée

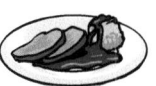

друга страва

sakafo fototra

десерт

desera

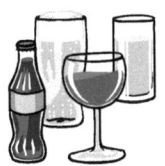

напої

zava-pisotro

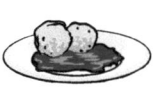

їжа

sakafo

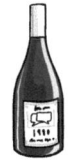

пляшка

tavoahangy

фаст-фуд

fast food

вулична їжа

sakafo an-dalambe

чайник

fitoerana dite

цукорниця

fitoeran-tsiramamy

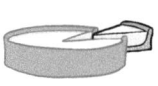

порція

singany

еспресо-машина

milina espresso

високий стільчик

seza avo

рахунок

faktiora

піднос

lovia fandrosoana sakafo

ніж

antsy

вилка

sotrorovitra

ложка

sotro

чайна ложка

sotrokely

серветка

servieta

склянка

vera

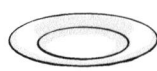

тарілка

vilia

тарілка для супу

vilian-dasopy

блюдце

vilia bory

соус

saosy

солонка

fitoeran-tsira

млин для перцю

milina dipoavatra

оцет

vinaingitra

масло

solika

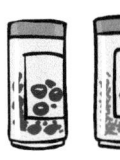

спеції

zava-manitra

кетчуп

ketchup

гірчиця

voan-tsinapy

майонез

maionezy

супермаркет

supermarché

пропозиція
fihenam-bidy
FOR
клієнт
mpividy
молочні продукти
sakafo avy amin'ny ronono
фрукти
voankazo
візок для покупок
chariot

BUTCHERS

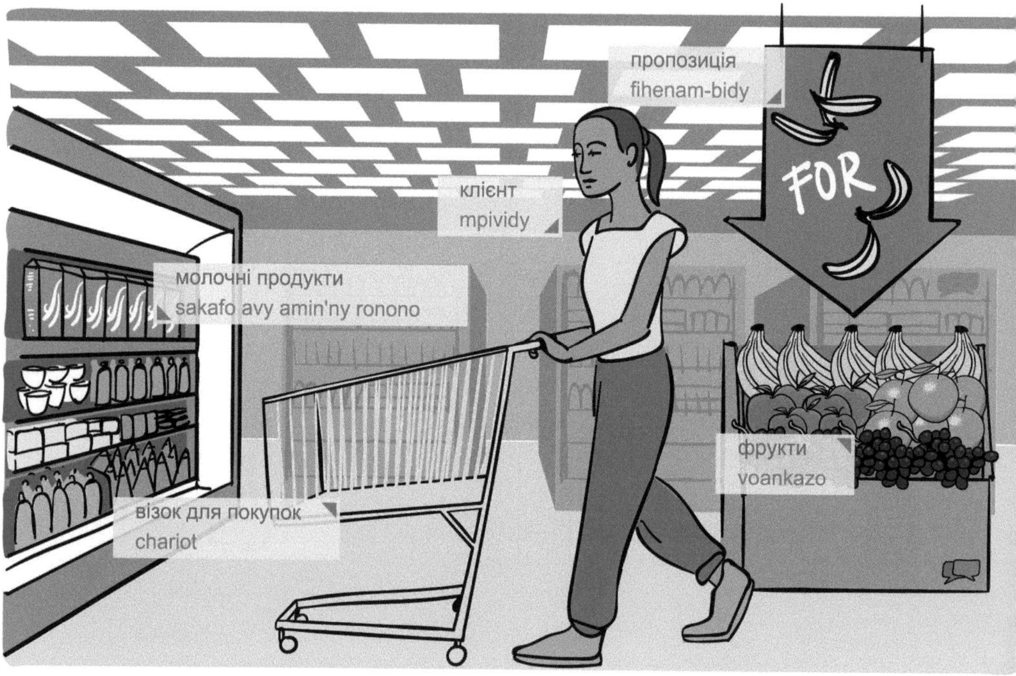

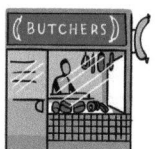

м'ясний магазин

mpivaro-kena

BAKERY

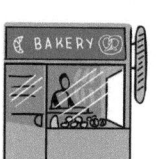

пекарня

mpivarotra mofo

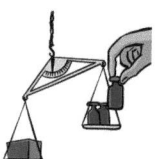

зважувати

mandanja

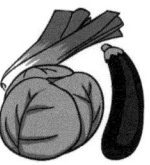

овочі

legioma

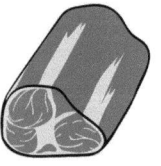

м'ясо

hena

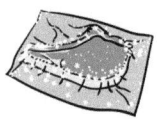

заморожені продукти

sakafo nampangatsiahana

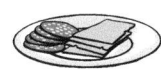

ковбасна нарізка

hena voahendy

консерви

sakafo am-by fotsy

пральний порошок

vovon-tsavony

солодощі

vatomamy

предмети домашнього побуту

fitaovana an-tokatrano

мийний засіб

fitaovana fanadiovana

продавщиця

mpivarotra

каса

toerana fandoavam-bola

касир

mpandray vola

список покупок

lisitry ny zavatra vidiana

часи роботи

ora fiasana

гаманець

portefeuille

кредитна картка

fahana amin'ny karatra

сумка

harona

поліетиленовий пакет

harona plastika

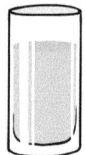

вода

rano

сік

ranom-boankazo

молоко

ronono

кола

coca

вино

divay

пиво

labiera

алкоголь

toaka

какао

sôkôlà mafana

чай

dite

кава

kafe

еспресо

espresso

капучіно

cappuccino

банан

akondro

яблуко

paoma

апельсин

laoranjy

кавун

voatango

лимон

voasarimakirana

морква

karaoty

часник

tongolo gasy

бамбук

volobe

цибуля

tongolo

гриб

holatra

горішки

voamaina

локшина

paty

спагеті

spaghetti

рис

vary

салат

salady

картопля фрі

ovy frity

смажена картопля

ovy voaendy

піца

pizza

гамбургер

hamburger

бутерброд

sandwich

шніцель

didin-kena

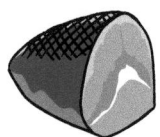

шинка

lambo sira

салямі

salami

ковбаса

saosisy

курка

akoho

печеня

hena mendy

риба

trondro

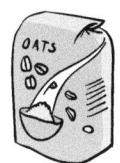

вівсяні пластівці

varin-tsoavaly

мюслі

muesli

кукурудзяні пластівці

cornflakes

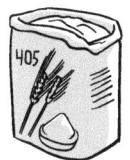

борошно

lafarinina

круасан

croissant

булочка

mofodipaina kely

хліб

mofo

тостовий хліб

mofo natono

печиво

bisky

масло

dobera

сир

fromazy fotsy

пиріг

mofomamy

яйце

atody

яєчня

atody nendasina

сир

fromazy

морозиво

lagilasy

цукор

siramamy

мед

tantely

мармелад

kaonfitira

нуга-крем

crème nougat

карі

curry

ферма
toeram-pambolena

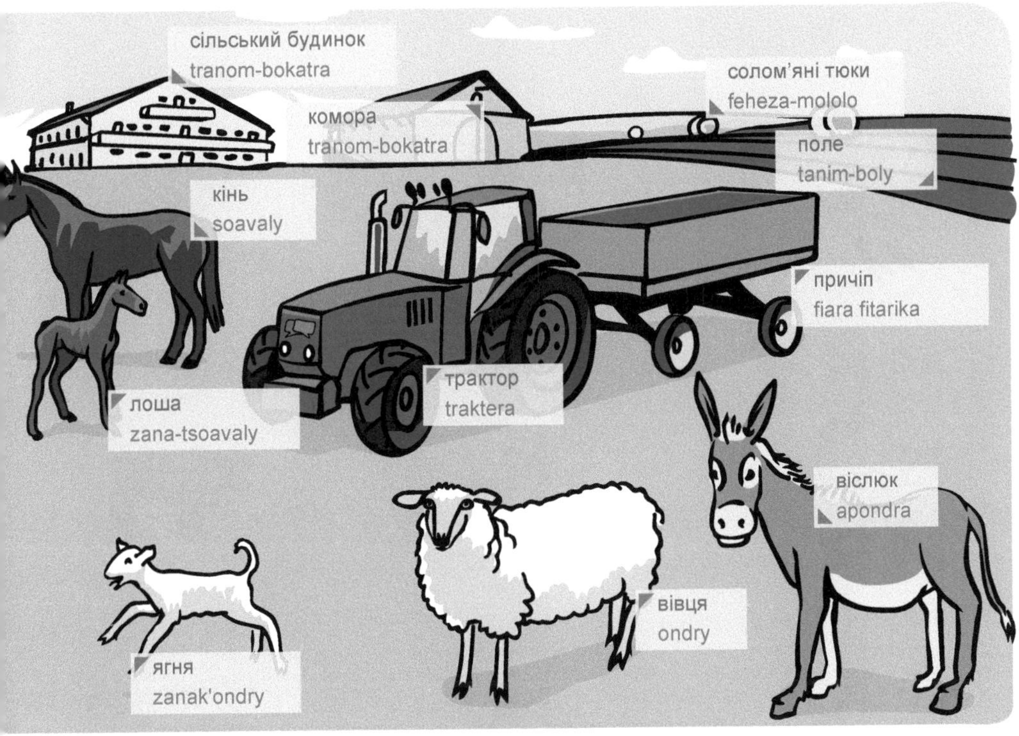
сільський будинок
tranom-bokatra
комора
tranom-bokatra
солом'яні тюки
feheza-mololo
поле
tanim-boly
кінь
soavaly
причіп
fiara fitarika
трактор
traktera
лоша
zana-tsoavaly
віслюк
apondra
вівця
ondry
ягня
zanak'ondry

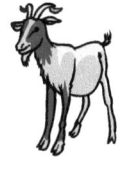

коза

osy

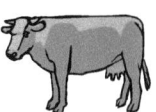

корова

omby vavy

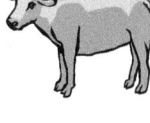

теля

omby

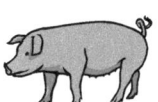

свиня

kisoa

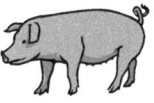

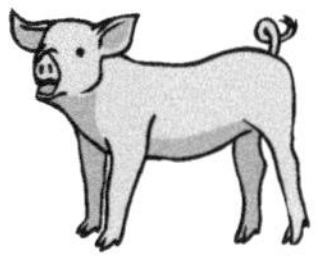

порося

zana-kisoa

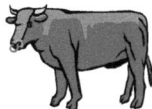

бик

omby

гусак

gisa

качка

gana

курча

zanak'akoho

курка

akoho vavy

півень

akoho lahy

щур

voalavo

кіт

saka

миша

voalavo tondro

віл

omby

собака

alika

собача будка

tranon'alika

садовий шланг

fantsona fanondrahana rano

лійка

fanondrahana

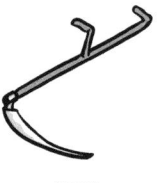

коса

antsy biloka

плуг

angadin'omby

серп

antsim-bilona

мотика

antsetra

вила

farango vy

сокира

famaky

тачка

borety

корито

dababe

бідон молока

boatin-dronono

мішок

harona

паркан

fefy

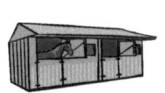

хлів

tranom-biby

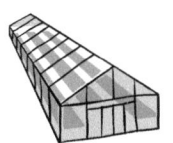

теплиця

talatalan-jaridaina

ґрунт

tany

насіння

ambeoka

добриво

zezika

комбайн

milina mpijinja vokatra

пожинати

vokatra

урожай

vokatra

корінь ямсу

saonjo

пшениця

varimbazaha

соя

saozaha

картопля

ovy

кукурудза

katsaka

ріпак

colza

плодове дерево

hazo fihinam-boa

маніок

mangahazo

злаки

voamadinika

димохід
fivoahan-tsetroka

дах
tafo

водостічний лоток
gotera

вікно
varavarankely

гараж
garazy

дзвінок
lakolosim-baravarana

двері
varavarana

відро для сміття
toeram-pako

поштова скринька
boatin-taratasy hafatra

сад
zaridaina

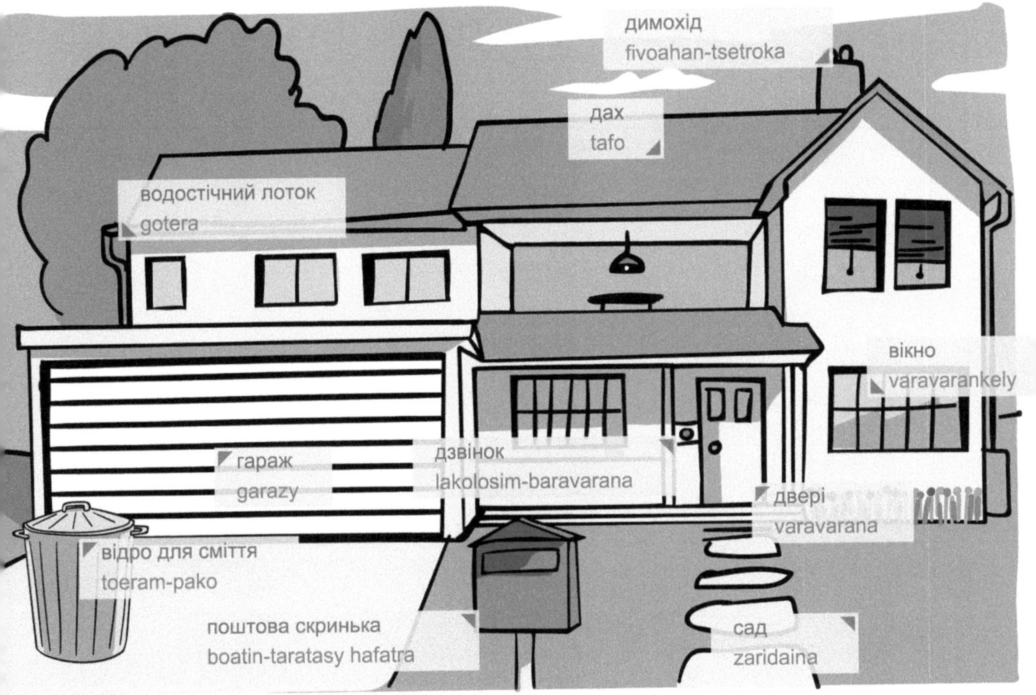

вітальня
efitra fandraisam-bahiny

ванна кімната
efitra fandroana

кухня
lakozia

спальня
efitra fatoriana

дитяча кімната
efitranon'ny ankizy

їдальня
efi-trano fisakafoanana

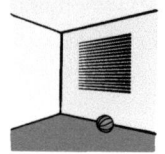

підлога

tany

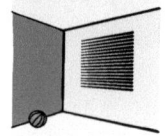

стіна

rindrina

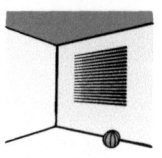

стеля

valindrihana

підвал

lakavy

сауна

sauna

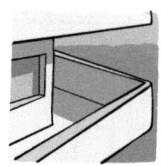

балкон

tsimahalavo

тераса

lavarangana

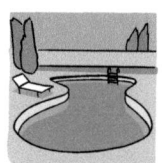

басейн

dobo filomanosana

косарка

mpanapaka bozaka

простирало

lambam-pandriana

ковдра

koety

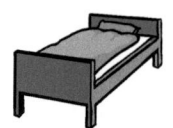

ліжко

fandriana

мітла

kifafa

відро

sô

перемикач

interrupteur

вітальня

efitra fandraisam-bahiny

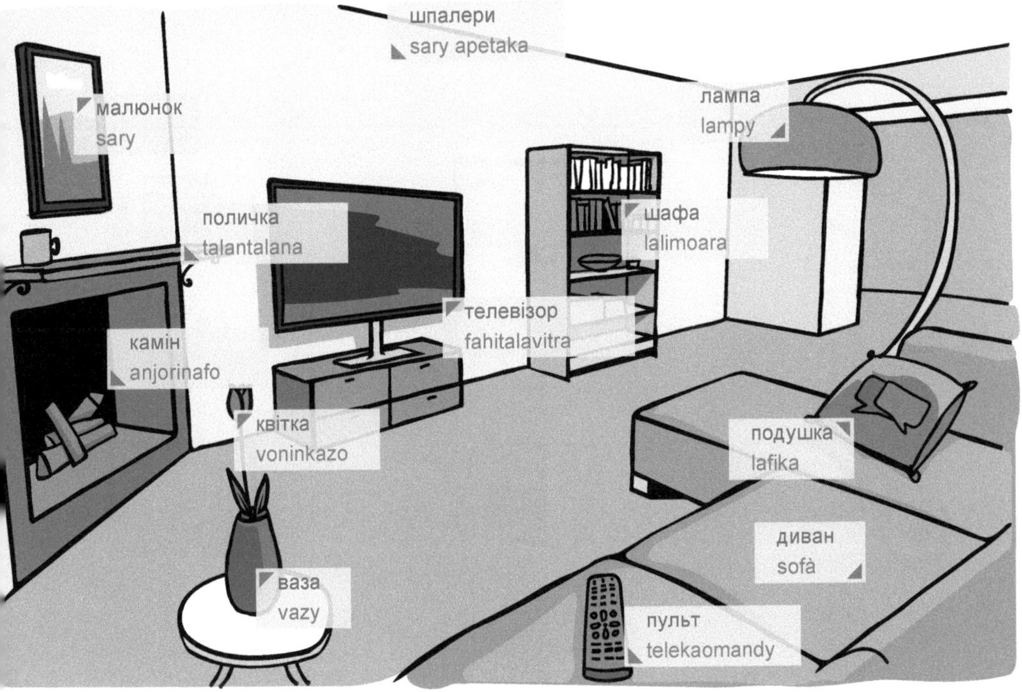

шпалери
sary apetaka
малюнок
sary
лампа
lampy
поличка
talantalana
шафа
lalimoara
телевізор
fahitalavitra
камін
anjorinafo
квітка
voninkazo
подушка
lafika
диван
sofà
ваза
vazy
пульт
telekaomandy

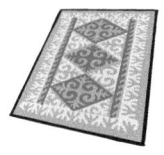

килим

tapis

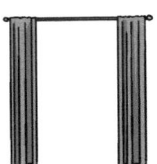

завіса

takom-baravarana

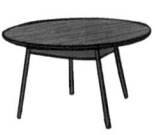

стіл

latabatra

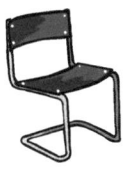

стілець

seza

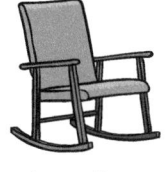

крісло-гойдалка

seza savily

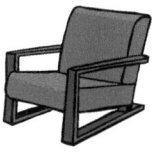

крісло

seza mihaja

книга

boky

ковдра

lamba firakotra

прикраса

asa fandravahana

дрова

hazo fandrehitra

фільм

horonantsary

стереосистема

fitaovana hi-fi

ключ

fanalahidy

газета

gazety

картина

loko

плакат

sary famantarana

радіо

radio

блокнот

kahie fanao tadidy

пилосос

aspiratera

кактус

raketa

свічка

labozia

кухня
lakozia

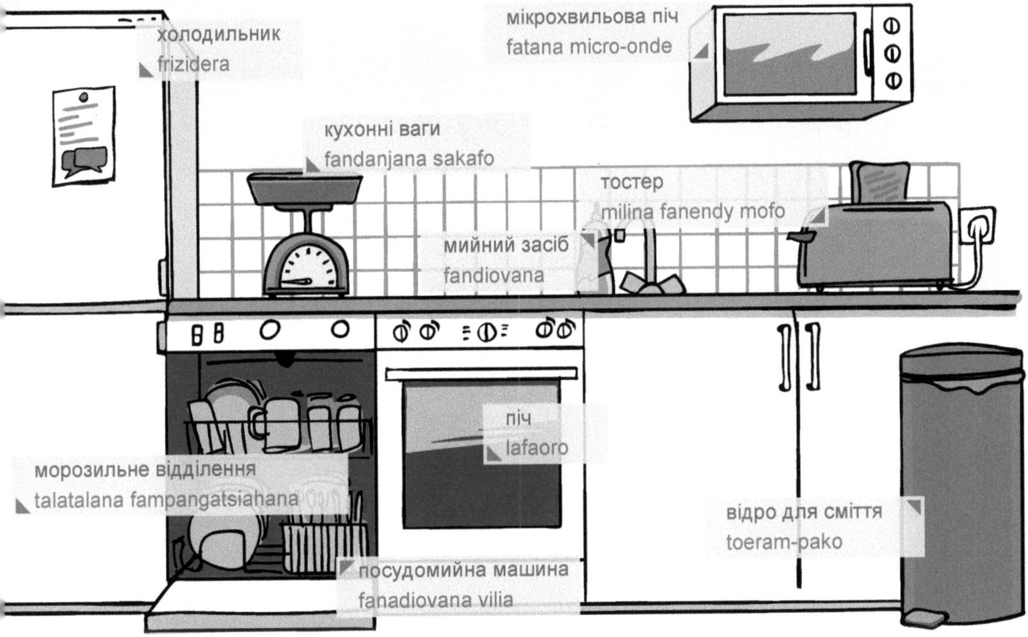

холодильник
frizidera
мікрохвильова піч
fatana micro-onde
кухонні ваги
fandanjana sakafo
тостер
milina fanendy mofo
мийний засіб
fandiovana
піч
lafaoro
морозильне відділення
talatalana fampangatsiahana
відро для сміття
toeram-pako
посудомийна машина
fanadiovana vilia

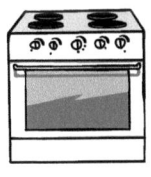

плита

lafaoro

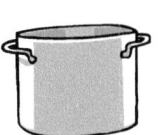

горщик

vilany

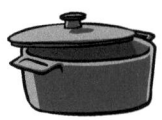

чавунний горщик

vilany vy

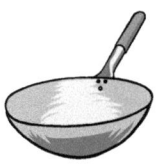

вок / кадай

wok / kadai

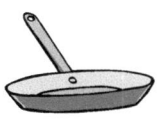

сковорода

lapoaly

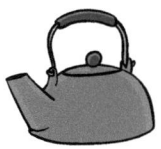

чайник

fitaovana fampangotrahana rano

пароварка

vilany mandeha entona

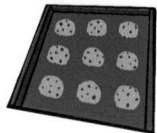

лист

lovia fisaka

посуд

fitaovan-dakozia

кухоль

zinga

чаша

vilia baolina

палички для їжі

hazokely fihinanana

черпак

sotrobe lavatango

лопатка

spatule

вінчик для збивання

fanakapohana atody

сито

fanatantavanana

сито

lovia sivana

терка

fanakikisana

ступка

laona

барбекю

kiendiendy

багаття

fivoahan'ny setroka

дошка

akalana fitetehana

качалка

kodia fandamàna koba

штопор

fisontonana bosoa

конзерва

boaty

відкривачка

fanokafana boaty

прихватки

fitazomana vilany

раковина

lavabô

щітка

borosy

губка

spaonjy

міксер

miksera

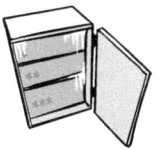

морозильна камера

fitaovana fampangatsiahana

дитяча пляшка

tavoahanginono

кран

paompy

ванна кімната

efitra fandroana

опалення
fanafanana
душ
efitra fandroana
рушник
servieta
душова завіса
lamba fanakon'efitra fandroana
піниста ванна
menaka fandroana mandroatra
ванна
koveta fandroana
склянка
vera
пральна машина
milina fanasana lamba
плитка
taila
кран
paompy
горшок
tavimandry
раковина
lavabô

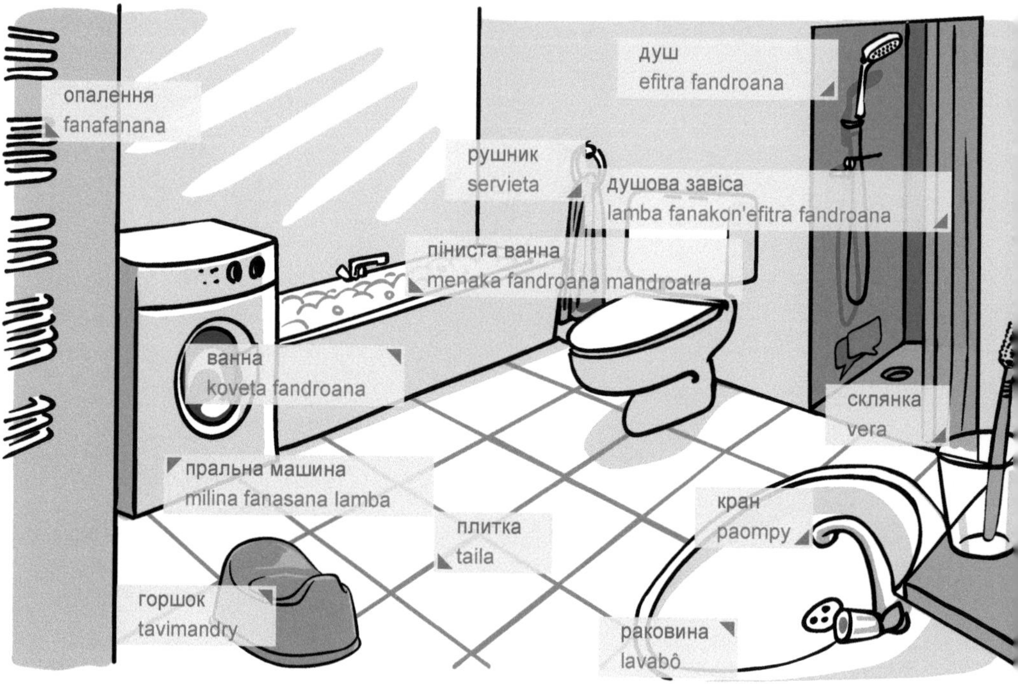

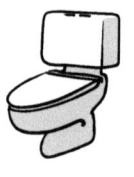

туалет

efitrano fidiovana

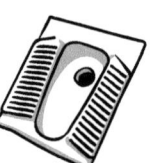

підлоговий туалет

kabone mitsingo

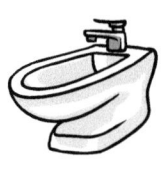

біде

bidet

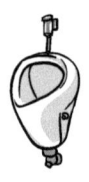

пісуар

fipipizana

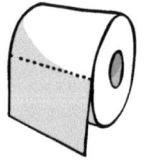

туалетний папір

taratasy fidiovana

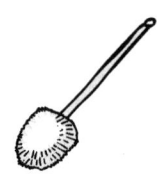

щітка для туалету

borosy fampiasa an-kabone

зубна щітка

borosinify

зубна паста

famotsia-nify

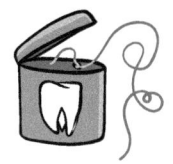

нитка для чищення зубів

kofehy fanadiova-nify

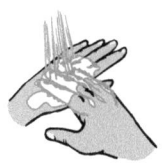

мити

manasa

ручний душ

fisaika enti-tànana

інтимний душ

fanadiovana fivaviana

таз

kovetabe

щітка для спини

borosin-damosina

мило

savony

гель для душу

el fampiasa rehefa misaika

шампунь

shampoo

мочалка

fonon-tànana enti-misaika

водостік

tsiranoka

крем

crème fanosotra

дезодорант

fanalana fofona

дзеркало

fitaratra

косметичне дзеркало

fitaratra fihaingo

бритва

hareza

піна для гоління

raotra fiharatra

лосьйон після гоління

menaka haratra

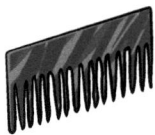

гребінь

fiogo

щітка

borosy

фен

fitaovana fanamainam-bolo

лак для волосся

atsifotra amin'ny volo

косметика

fikarakarana tarehy

губна помада

lokomena

лак для нігтів

haingo hoho

вата

vohavohan-dandihazo

ножиці для нігтів

fanapahana hoho

парфум

ranomanitra

косметичка

fitoerana fitaovana an-kabone

табурет

sezabory

ваги

fandanjana olona

халат

akanjo enti-matory

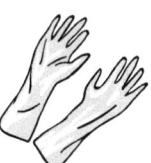

гумові рукавички

fonon-tànana enti-manadio

тампон

servieta fanary

гігієнічні прокладки

lamba fampiasa amin'ny fadimbolana

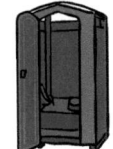

біотуалет

kabone simika

дитяча кімната
efitranon'ny ankizy

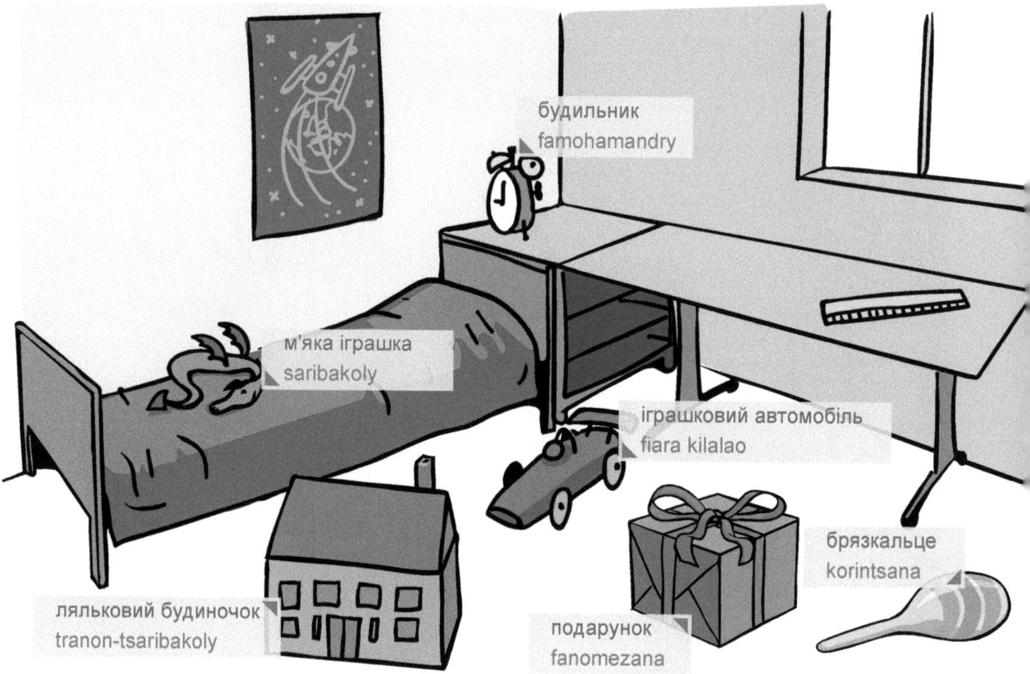
будильник
famohamandry
м'яка іграшка
saribakoly
іграшковий автомобіль
fiara kilalao
брязкальце
korintsana
ляльковий будиночок
tranon-tsaribakoly
подарунок
fanomezana

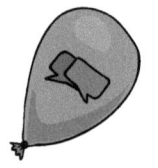

повітряна кулька
balaonina

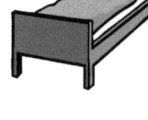

ліжко
fandriana

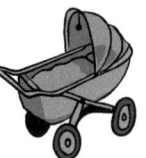

дитячий візок
posety

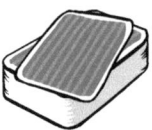

картярська гра
lalao karatra

пазл
puzzle

SUPER
MEGA

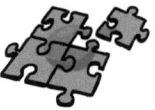

комікс
sariitatra

лего цеглинки

lalao legô

блоки

kilalao fananganana trano

іграшкова фігурка

sarivongana kely

повзунки

grenera

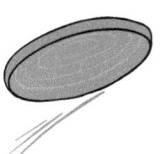

фризбі

Frisbee

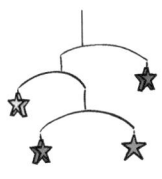

мобіле

mobile

настільна гра

jeu de société

кубик

kodiakely

модель залізнична станція

lamasinina kely

соска

solonono

вечірка

fety

книжка з картинками

boky feno sary

м'яч

baolina

лялька

saribakoly

грати

milalao

пісочниця
kovetam-pasika

гойдалка
savily

іграшка
kilalao

гральна консоль
kilalao video

триколісний велосипед
tricycle

плюшевий мішка
teddy orsa

шафа
fitoeran'akanjo

одяг

akanjo

шкарпетки
bà kiraro

панчохи
bàn-tongotra

колготки
akanjo manara-batana

шарф
foloara

парасоля
elo

футболка
t-shirt

ремінь
fehin-kibo

чоботи
baoty

домашнє взуття
kapa fitondra an-tranc

кросівки
kiraro tenisy

сандалі
kapa

взуття
kiraro

гумові чоботи
baoty fingotra

труси
atinakanjo

бюстгальтер
tatinono

нижня сорочка
akanjo feno

одяг - akanjo

45

боді

vatana

штани

pataloha

джинси

jean

спідниця

zipo

блузка

akanjo ambony

сорочка

lobaka

пуловер

pull

светр

akanjo sarotro

піджак

palitao

куртка

palitao

пальто

palitao

дощовик

akanjo aro-orana

костюм

akanjo fianjaika

сукня

fitafim-behivavy

весільна сукня

akanjon'ny ampakarina

костюм

akanjo fianjaika

нічна сорочка

akanjo-mandry

піжама

pijamà

carі

sari

головна хустка

sarondoha

чалма

turban

бурка

burqa

кафтан

kaftan

абая

abaya

купальник

akanjo fitondra milomano

плавки

akanjo fitondra milomano

шорти

pataloha fohy

тренувальний костюм

akanjo fitena

фартух

tablie

рукавички

fonon-tànana

гудзик
bokotra

окуляри
solomaso

браслет
brasele

ланцюг
rojo

кільце
peratra

сережка
kavina

шапка
satroka

плічка
fanantonana palitao

капелюх
satroka

краватка
fehivozo

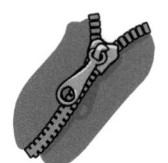

застібка-блискавка
hidikorisa

шолом
aroloha

підтяжки
beritelo

шкільна форма
fanamian'ny mpianatra

уніформа
fanamiana

одяг - akanjo

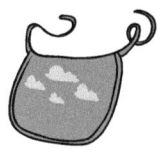

нагрудник

bavoara

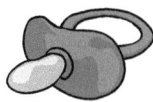

соска

solonono

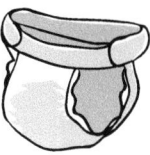

підгузок

taty

офіс

birao

сервер
serveur
шаф для документів
lalimoara fitahirizana
принтер
mpanao pirinty
монітор
efijoro
папір
taratasy
миша
voalavo tondro
письмовий стіл
latabatra
папка
klasera
синтезатор
klavie
кошик для паперу
fanariana fako taratasy
комп'ютер
solosaina
стілець
seza

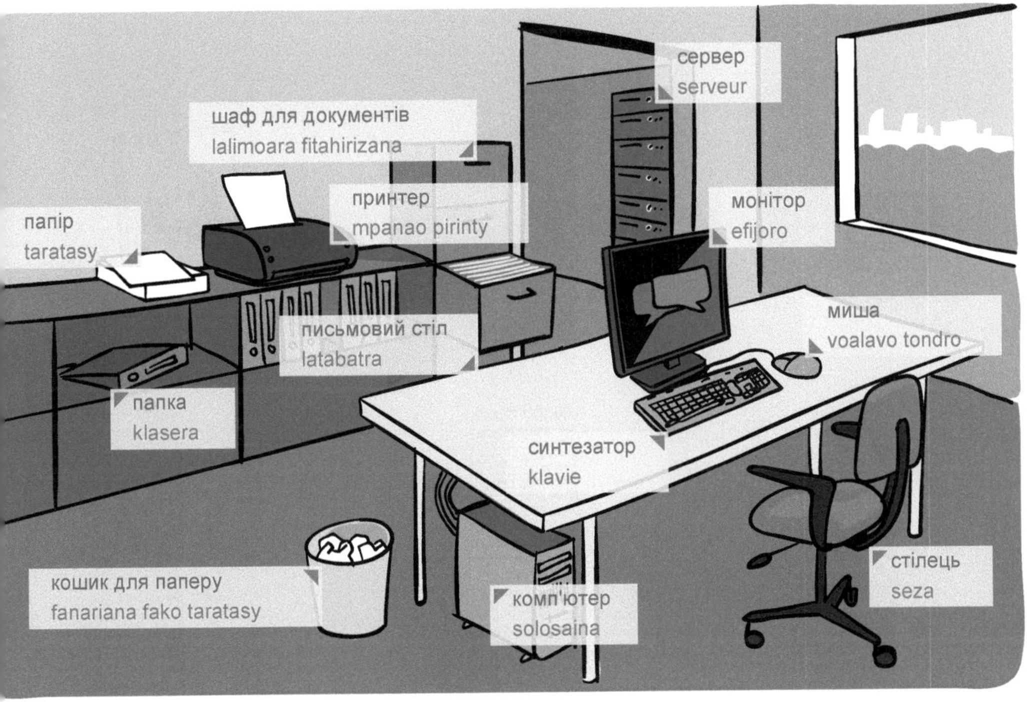

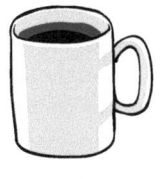

кавовий кухоль

kaopin-kafe

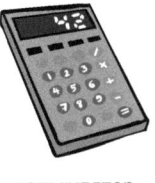

калькулятор

mpikajy

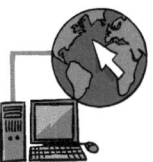

інтернет

aterineto

ноутбук

solosaina maivana

лист

taratasy

повідомлення

hafatra

мобільний телефон

mobile

мережа

tambajotra

копіювальний пристрій

imprimante

програмне забезпечення

rindrambaiko

телефон

finday

розетка

prizy

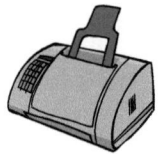

факс

fax

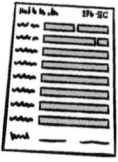

бланк

efitra fenoina

документ

fehezan-taratasy

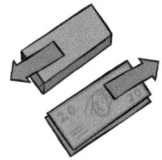

купувати

mividy

платити

mandoa vola

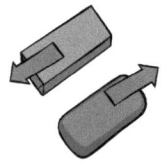

торгувати

misera

гроші

vola

долар

dôlara

євро

euro

ієна

yen

рубль

rouble

франк

Franc suisse

юанів женьміньбі

renminbi yuan

рупія

roupie

банкомат

fangalàna vola

обмінний пункт

toerana fanakalozana vola

золото

volamena

срібло

volafotsy

нафта

solika

енергія

angovo

ціна

vidiny

контракт

fifanekena

податок

hetra

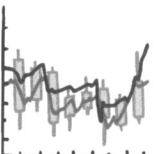

акція

action borsa

працювати

miasa

працівник

mpiasa

роботодавець

mpampiasa

фабрика

orinasa

магазин

fivarotana

професії
asa

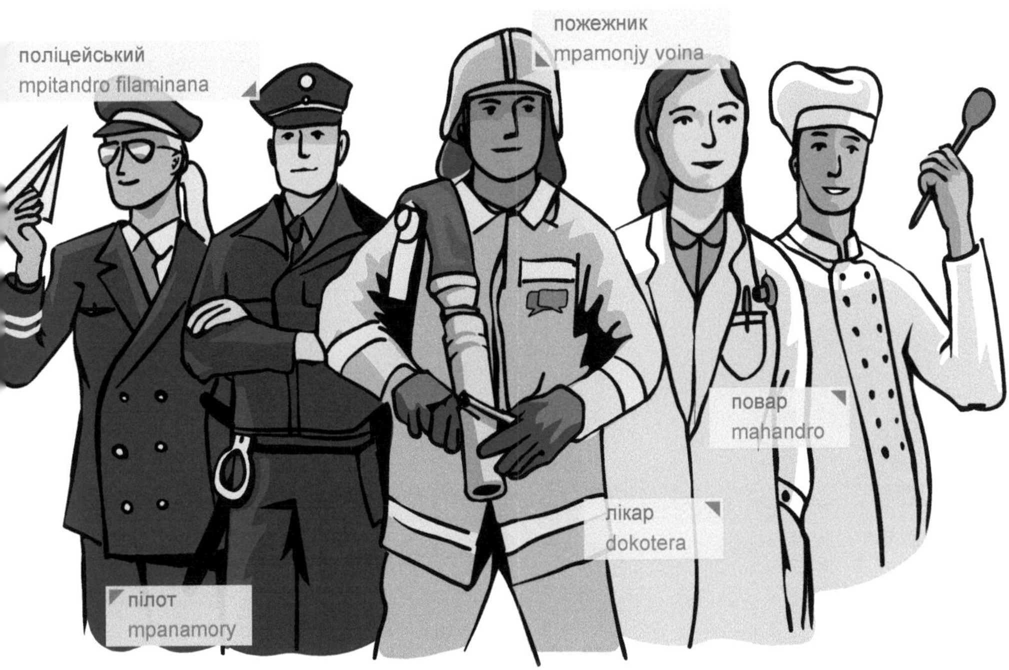
пожежник
mpamonjy voina
поліцейський
mpitandro filaminana
повар
mahandro
лікар
dokotera
пілот
mpanamory

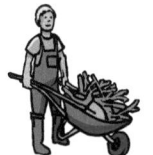

садівник
mpikarakara zaridaina

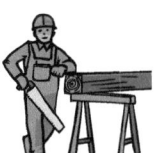

столяр
mpandrafitra

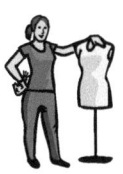

швачка
vehivavy mpanjaitra

суддя
mpitsara

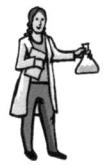

хімік
mpahay simia

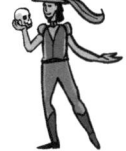

актор
mpilalao sarimihetsika

водій автобуса

mpamily fiara fitateram-
bahoaka

таксист

mpamily fiarakaretsaka

рибалка

mpanjono

прибиральниця

vehivavy mpanadio

покрівельник

mpanao tafo

офіціант

mpandroso sakafo

мисливець

mpihaza

художник

mpandoko

пекар

mpanao mofo

електрик

elektrisianina

будівельник

mpanao trano

інженер

injeniera

забійник

mivaro-kena

бляхар

plombier

листоноша

faktera

солдат

miaramila

архітектор

mpanao mari-trano

касир

mpandray vola

флорист

mpivarotra voninkazo

перукар

mpanao volo

кондуктор

mpizara tapakila

механік

mpahay mekanika

капітан

kapiteny

дантист

mpitsabo nify

вчений

siantifika

рабин

raby

імам

imam

монах

moanina

пастор

pretra

інструменти
fitaovana

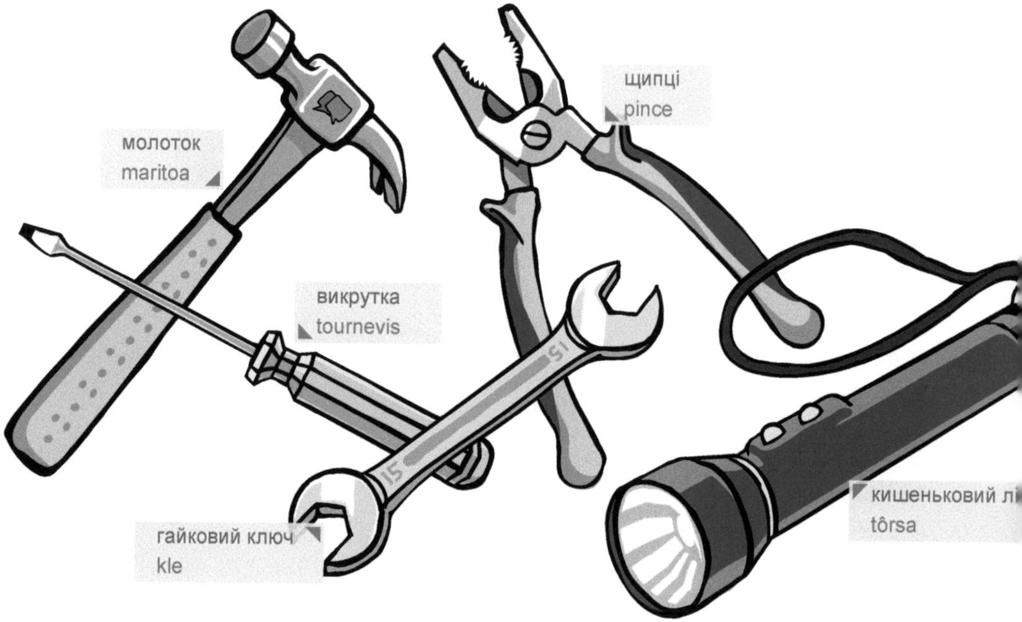
молоток
maritoa
щипці
pince
викрутка
tournevis
гайковий ключ
kle
кишеньковий л
tôrsa

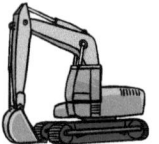

екскаватор

pelleteuse

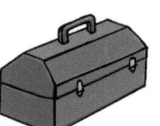

ящик для інструментів

boaty fanisy fitaovana

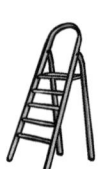

драбина

tohatra

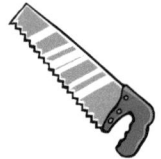

пилка

tsofa

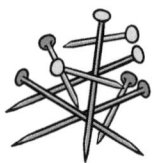

цвяхи

fantsika

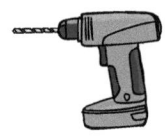

свердло

perceuse

ремонтувати

manarina

лопата

lapela

лайно!

Куу!

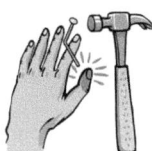

совок

angadim-pako

відро з фарбою

boatin-doko

гвинти

visy

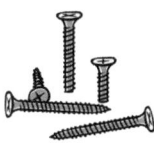

музичні інструменти

zava-maneno

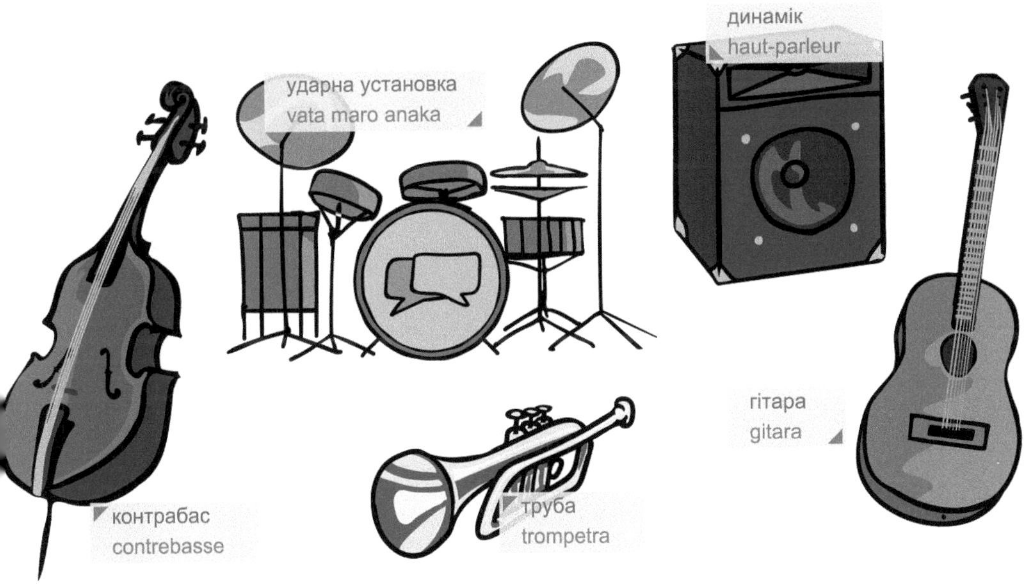

ударна установка
vata maro anaka

динамік
haut-parleur

гітара
gitara

контрабас
contrebasse

труба
trompetra

фортепіано

vata maro afitsoka

скрипка

lokanga

бас

basse

литаври

amponga timpani

барабан

aponga

клавіатура

klavie

саксофон

saksa

флейта

sodina

мікрофон

mikrao

зоопарк

valan-javaboary

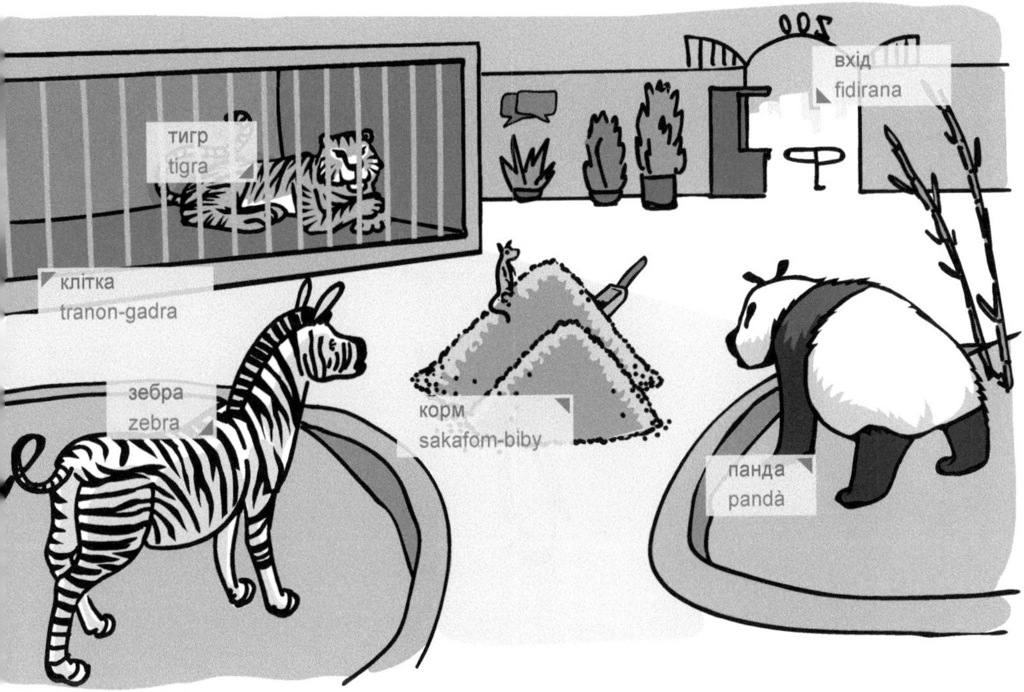
вхід
fidirana
тигр
tigra
клітка
tranon-gadra
зебра
zebra
корм
sakafom-biby
панда
pandà

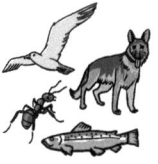

тварини

biby

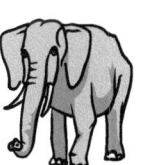

слон

elefanta

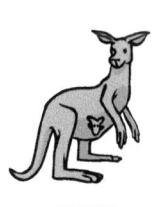

кенгуру

kangoroa

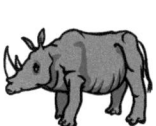

носоріг

rinôserôsy

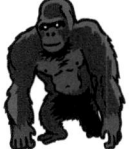

горила

gôrila

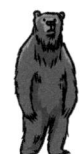

ведмідь

orsa

верблюд

rameva

страус

aotrisy

лев

liona

мавпа

rajako

фламінго

sama

папуга

boloky

білий ведмідь

orsa polera

пінгвін

pengoa

акула

atsantsa

павич

vorombola

змія

bibilava

крокодил

voay

працівник зоопарку

mpiandry valan-javaboary

тюлень

fôko

ягуар

jagoara

поні
....
poney

леопард
....
leopara

гіпопотам
....
hipôpôtamo

жираф
....
zirafa

орел
....
voromahery

кабан
....
lambo

риба
....
trondro

черепаха
....
sokatra

морж
....
môrsa

лисиця
....
renard

газель
....
gazely

fanatanjahan-tena

американський футбол
Football amerikana

їзда на велосипеді
hazakazaka am-bisikileta

теніс
tennis

баскетбол
baskety

плавання
lomano

бокс
boxe

хокей
hockey an-dranomandry

футбол
baolina kitra

бадмінтон
badminton

легка атлетика
atletisma

гандбол
handball

лижні перегони
ski

поло
polo

стрибати
tsambikina

обіймати
mamihina

сміятися
mihomehy

йти
mandeha

співати
mihira

мріяти
manonofy

молитися
mivavaka

цілувати
manoroka

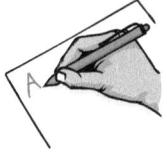

писати
manoratra

малювати
manao sary

показувати
maneho

тиснути
manosika

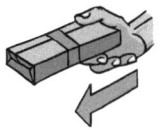

давати
manome

брати
mandray

мати
manana

робити
manao

бути
mizovy

стояти
mijoro

бігати
mihazakazaka

тягнути
misintona

кидати
manary

падати
lavo

лежати
mandry

очікувати
miandry

носити
mitondra

сидіти
mipetraka

одягати
miakanjo

спати
matory

просипатися
mifoha

дивитися

mijery

плакати

mitomany

гладити

fahatapahan'ny lalan-dra

розчісувати

fiogo

розмовляти

miresaka

розуміти

mahay

питати

milaza

слухати

mihaino

пити

misotro

їсти

mihinana

прибирати

mandamina

любити

mitia

варити

mahandro

їхати

mamily

літати

lalitra

йти під вітрилом

miandriaka

рахувати

mikajy

читати

mamaky

вчитися

mianatra

працювати

miasa

одружуватися

mivady

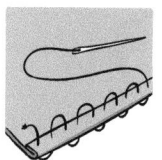

шити

manjaitra

чистити зуби

miborosy nify

убивати

mamono

курити

mifoka

посилати

mandefa

сім'я

fianakaviana

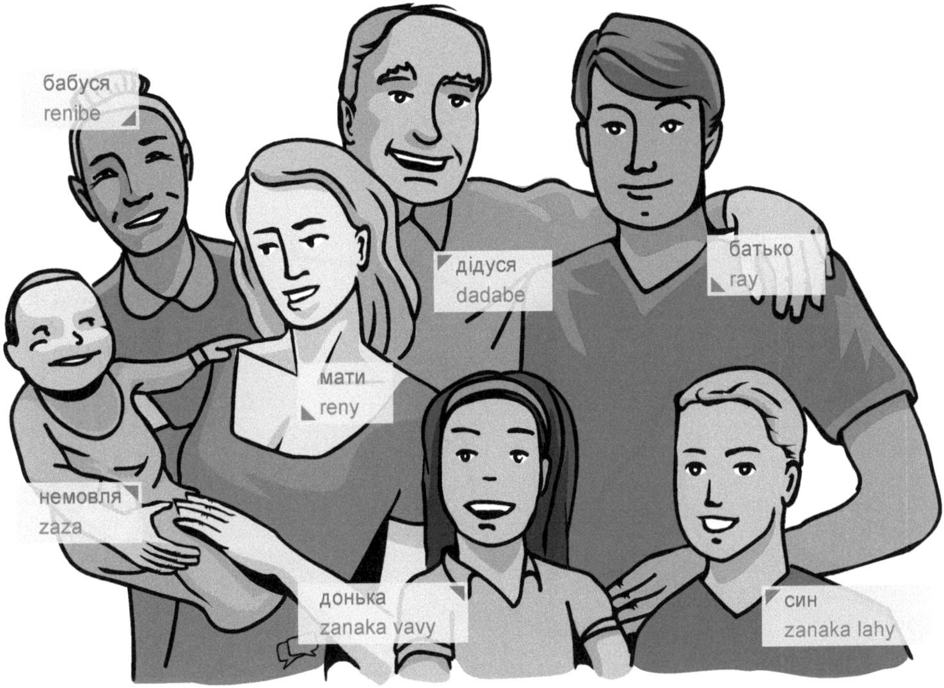

бабуся
renibe
дідуся
dadabe
батько
ray
мати
reny
немовля
zaza
донька
zanaka vavy
син
zanaka lahy

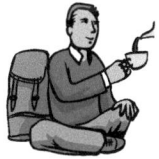

гість

vahiny

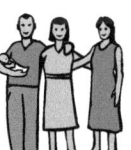

тітка

nenitoa

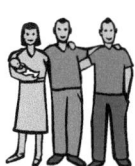

дядько

dadatoa

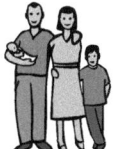

брат

rahalahy

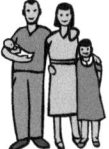

сестра

rahavavy

тіло

vatana

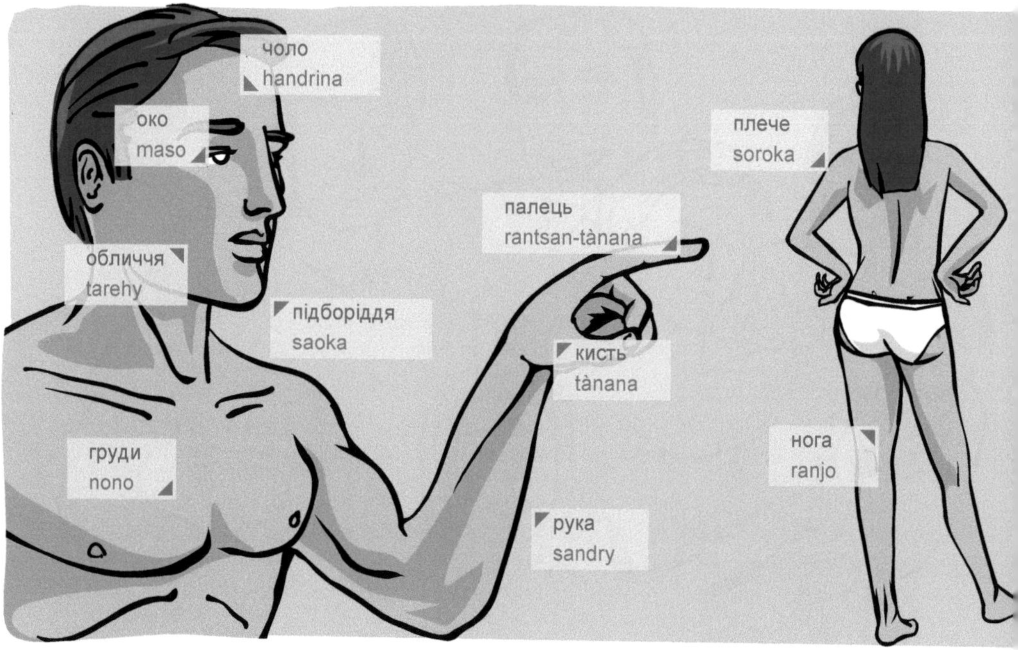

чоло
handrina
око
maso
плече
soroka
палець
rantsan-tànana
обличчя
tarehy
підборіддя
saoka
кисть
tànana
груди
nono
нога
ranjo
рука
sandry

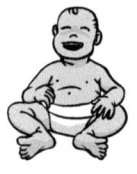

немовля

zaza

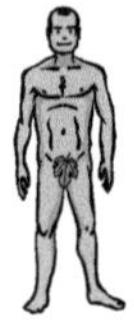

чоловік

lehilahy

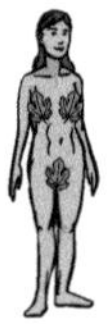

жінка

vehivavy

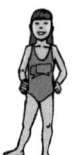

дівчина

vavy

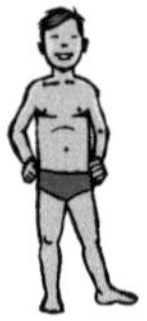

хлопчик

lahy

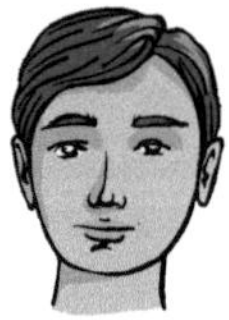

голова

loha

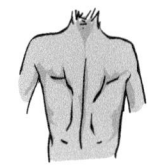

спина

lamosina

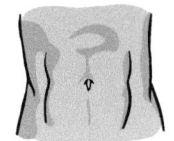

живіт

kibo

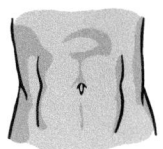

пуп

foitra

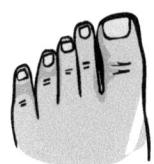

палець ноги

rantsan-tongotra

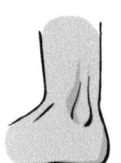

п'ята

voditongotra

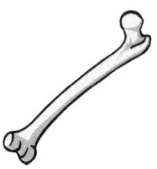

кістка

taolana

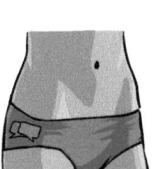

стегно

valahana

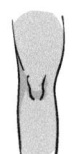

коліно

lohalika

лікоть

kiho

ніс

orona

сідниці

vody

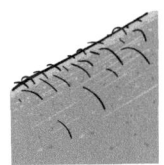

шкіра

hoditra

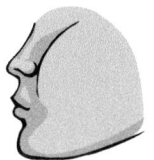

щока

takolaka

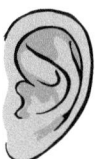

вухо

sofina

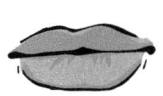

губа

molotra

тіло - vatana

рот

vava

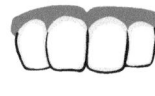

зуб

nify

язик

lela

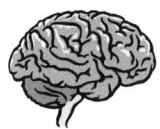

мозок

saina

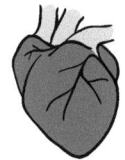

серце

fo

м'яз

ozatra

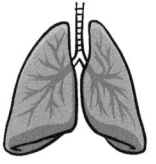

легені

havokavoka

печінка

aty

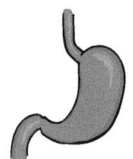

шлунок

vavony

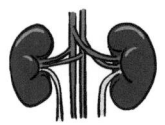

нирки

voa

статевий акт

firaisana ara-nofo

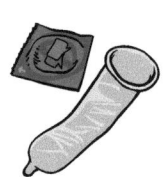

презерватив

fimailo

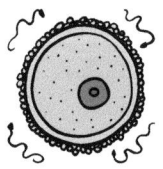

яйцеклітина

tsirivavy

сперма

ranonaina

вагітність

vohoka

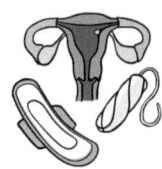

менструація
fadimbolana

вагіна
fivaviana

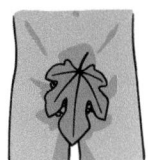

пеніс
filahiana

брова
volomaso

волосся
volo

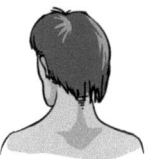

шия
tenda

лікарня

hopitaly

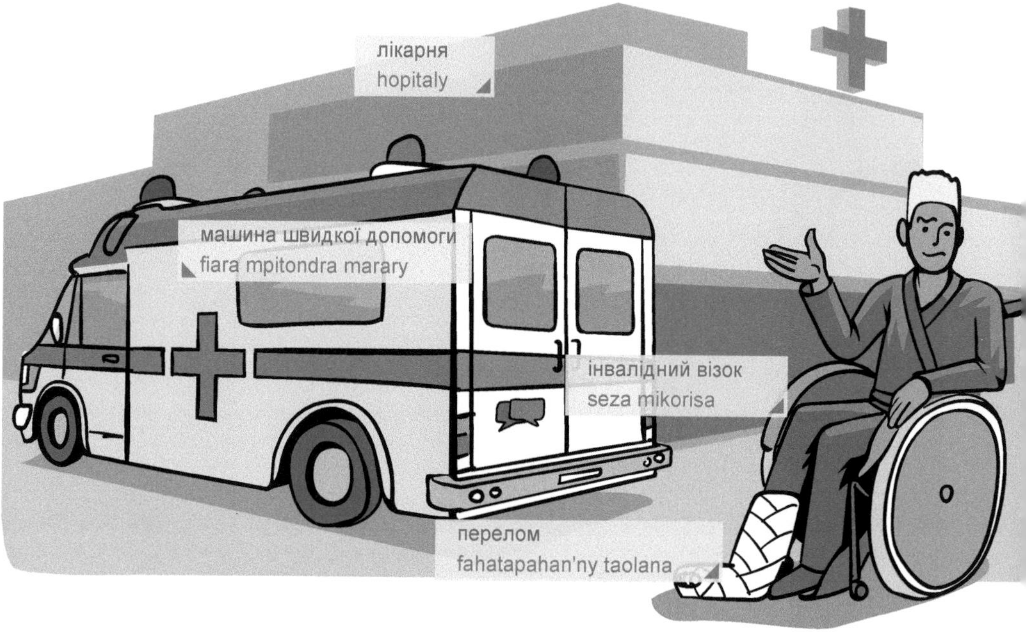

лікарня
hopitaly
машина швидкої допомоги
fiara mpitondra marary
інвалідний візок
seza mikorisa
перелом
fahatapahan'ny taolana

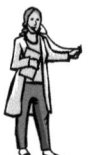

лікар

dokotera

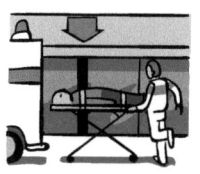

відділення швидкої медичної допомоги

efitra vonjy taitra

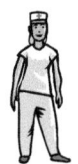

медсестра

mpitsabo mpanampy

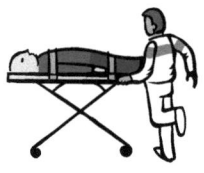

аварійний випадок

vonjy taitra

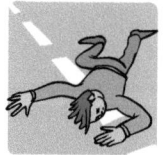

непритомний

tsy mahatsiaro tena

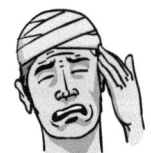

біль

fanaintainana

травма

faharatràna

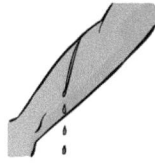

кровотеча

mandeha rà

інфаркт

aretim-po

інсульт

fahatapahan'ny lalan-dra

алергія

tsy fahazakana sakafo

кашель

kohaka

лихоманка

tazo

грип

gripa

пронос

fivalanana

головна біль

aretin'an-doha

рак

homamiadana

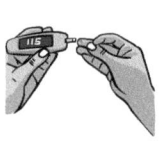

діабет

diabeta

хірург

dokotera mpandidy

скальпель

antsy fandidiana

операція

fandidiana

КТ
ТС

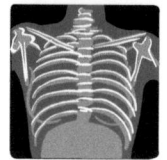

рентген
taratra X

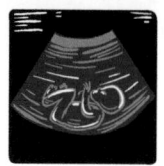

ультразвук
ekôgrafia

маска
saron-tava

хвороба
aretina

зал очікування
efitrano fiandrasana

милиця
tehina

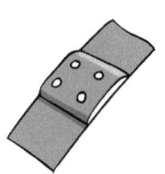

пластир
taha fery

пов'язка
bandy

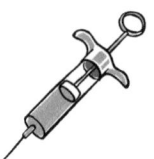

ін'єкція
tsindrona

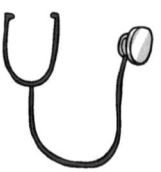

стетоскоп
stetoskopy

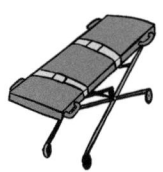

ноші
filanjana marary

термометр
fitaovana fitsapana
hafanana

народження
fahaterahana

надмірна вага
hatavezana tafahoatra

слуховий апарат

fitaovana fandrenesana

дезінфікуючий засіб

famonoana mikraoba

інфекція

fifindràna aretina

вірус

viriosy

ВІЛ / СНІД

VIH / SIDA

медицина

fitsaboana

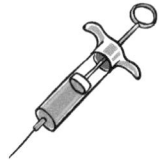

вакцинація

vaksiny

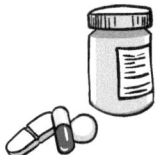

таблетки

pilina

протизаплідна пігулка

pilina

екстрений виклик

antso vonjy taitra

тонометр

fitaovana fitsapana tosi-drà

хворий / здоровий

marary / salama

Допоможіть!

Vonjeo!

сигнал тривоги

antso fanairana

напад

herisetra

атака

vono

небезпека

loza

аварійний вихід

fivoahana raha misy loza

Вогонь!

Afo!

вогнегасник

fitaovam-pamonoana afo

аварія

loza

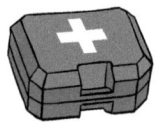

аптечка

fitaovam-pitsaboana
vonjimaika

СОС

SOS

поліція

pôlisy

Європа

Eoropa

Північна Америка

Amerika avaratra

Південна Америка

Amerika atsimo

Африка

Afrika

Азія

Azia

Австралія

Aostralia

Атлантика

Atlantika

Тихий океан

Pasifika

Індійський океан

Ranomasimbe Indiana

Антарктичний океан

Oseana Antarktika

Північний Льодовитий
океан

Oseana Arktika

Північний полюс

Tendrotany avaratra

Південний полюс

Tendrotany atsimo

Антарктика

Antarktika

Земля

tany

суша

tany

море

ranomasina

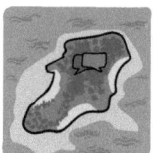

острів

nosy

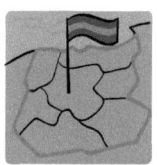

нація

tanindrazana

держава

firenena

циферблат

tavam-pamantaranandro

годинникова стрілка

tondro ora

хвилинна стрілка

tondro minitra

секундна стрілка

tondro segondra

Котра година?

Amin'ny firy izao?

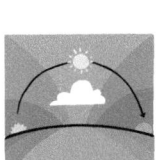

день

andro

час

fotoana

зараз

izao

цифровий годинник

famantaranandro niomerika

хвилина

minitra

година

ora

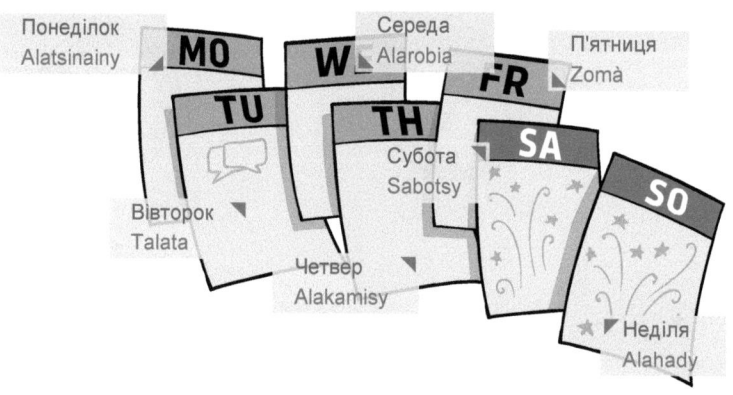

Понеділок
Alatsinainy

Середа
Alarobia

П'ятниця
Zomà

Вівторок
Talata

Субота
Sabotsy

Четвер
Alakamisy

Неділя
Alahady

вчора
omaly

сьогодні
androany

завтра
ampitso

ранок
maraina

опівдні
atoandro

вечір
hariva

робочі дні
adro fiasàna

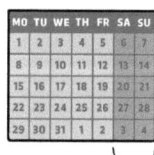

кінець робочого тижня
faran'ny herinandro

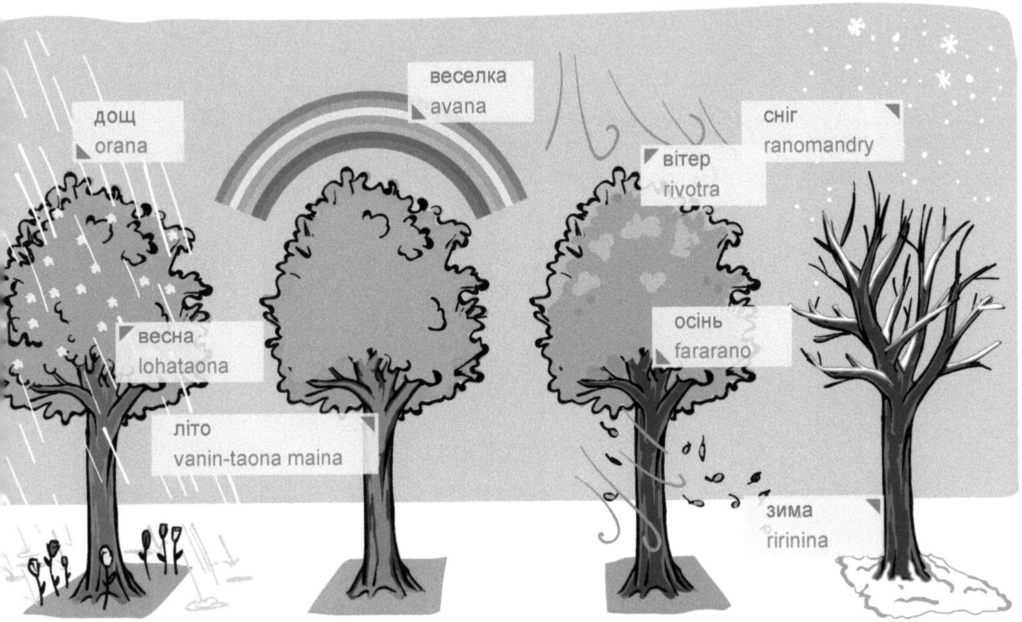

дощ
orana
веселка
avana
вітер
rivotra
сніг
ranomandry
весна
lohataona
осінь
fararano
літо
vanin-taona maina
зима
ririnina

4.APRIL 11°
5.APRIL 4°
6.APRIL 13°
7.APRIL 8°
8.APRIL 10°

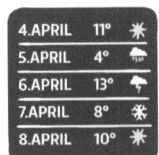

прогноз погоди
vinavina ara-toetrandro

F
C
120
90
60
30
0
-30
40
30
20
10
0
-10
-20

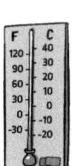

термометр
thermomètre

сонячне світло
tara-masoandro

хмара
rahona

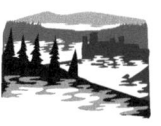

туман
zavona

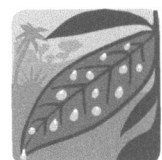

вологість повітря
hamandoana

блискавка

tselatra

грім

kotroka

шторм

tafio-drivotra

град

havandra

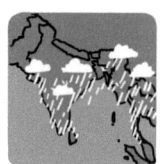

мусон

fahavaratra

повінь

tondra-drano

лід

vaingan-drano

Січень

Janoary

Лютий

Febroary

Березень

Martsa

Квітень

Avrila

Травень

Mey

Червень

Jiona

Липень

Jolay

Серпень

Aogositra

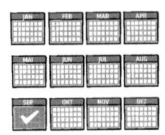

Вересень
....
Septambra

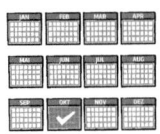

Жовтень
....
Oktobra

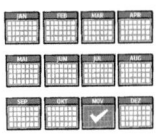

Листопад
....
Novambra

Грудень
....
Desambra

форми
endrika

круг
....
boribory

квадрат
....
efamira

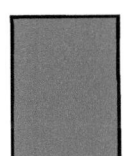

прямокутник
....
efajoro

трикутник
....
telozoro

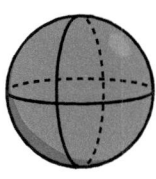

куля
....
bola

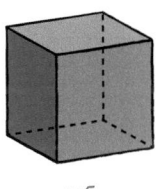

куб
....
goba

білий

fotsy

жовтий

mavo

помаранчевий

laoranjy

рожевий

mavokely

червоний

mena

фіолетовий

voloparasy

синій

manga

зелений

maitso

коричневий

volotany

сірий

volondavenona

чорний

mainty

багато / мало

betsaka / vitsy

лютий / мирний

tezitra / tony

гарний / бридкий

tsara / ratsy

початок / кінець

fiandohana / fiafarana

великий / малий

lehibe / kely

світлий / темний

mazava / maloka

брат / сестра

rahalahy / rahavavy

чистий / брудний

madio / maloto

завершений /
незавершений
feno / banga

день / ніч

andro / alina

мертвий / живий

maty / velona

широкий / вузький

malalaka / tery

їстівний / неїстівний

azo hanina / tsy fihinana

злий / дружній

tsivalahara / tsara fanahy

збуджений / нудьгуючий

endratra / sorena

товстий / тонкий

matavy / mahia

спочатку / востаннє

voalohany / farany

друг / ворог

mpinamana / mpifahavalo

повний / порожній

feno / foana

жорсткий / м'який

mafy / malefaka

важкий / легкий

mavesatra / maivana

голод / спрага

noana / mangetaheta

хворий / здоровий

marary / salama

незаконний / законний

tsy ara-dalàna / ara-dalàna

розумний / дурний

mahay / vendrana

вліво / вправо

havia / havanana

поруч / далеко

akaiky / lavitra

новий / використаний

vaovao / tranainy

нічого / щось

tsy misy / misy

старий / молодий

antitra / tanora

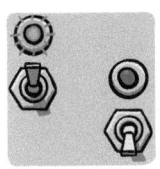

вкл / викл

mandeha / maty

відкрито / закрито

mivoha / mihidy

тихо / гучно

mangina / mitabataba

багатий / бідний

manankarena / mahantra

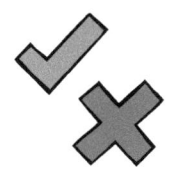

правильно / неправильно

marina / diso

шорсткий / гладкий

marokoroko / malama

сумний / щасливий

malahelo / faly

короткий / довгий

fohy / lava

повільно / швидко

mora / faingana

вологий / сухий

mando / maina

гарячий / холодний

mafana / mangatsiaka

війна / мир

ady / fahalemana

0

нуль

aotra

1

один

iray

2

два

roa

3

три

telo

4

чотири

efatra

5

п'ять

dimy

6

шість

enina

7

сім

fito

8

вісім

valo

9

дев'ять

sivy

10

десять

folo

11

одинадцять

iraikambinifolo

12

дванадцять

roambinifolo

13

тринадцять

teloambinifolo

14

чотирнадцять

efatrambinifolo

15

п'ятнадцять

dimiambinifolo

16

шістнадцять

eninambinifolo

17

сімнадцять

fitoambinifolo

18

вісімнадцять

valoambinifolo

19

дев'ятнадцять

siviambinifolo

20

двадцять

roapolo

100

сто

zato

1.000

тисяча

arivo

1.000.000

мільйон

tapitrisa

числа - isa

англійська

Anglisy

американська англійська

Anglisy amerikana

китайська
високочиновницька

Fiteny sinoa mandarina

хінді

Hindi

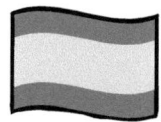

іспанська

Espaniola

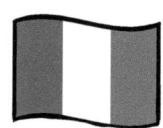

французька

Frantsay

арабська

Fiteny arabo

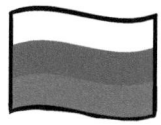

російська

Fiteny rosiana

португальська

Portogey

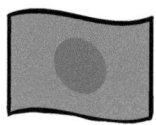

бенгальська

Bengaly

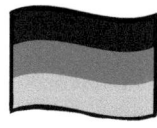

німецька

Alemà

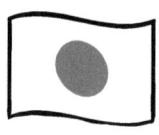

японська

Japoney

я

izaho

ти

ianao

він / вона / воно

izy / io

ми

isika

ви

ianao

вони

zareo

хто?

iza?

що?

inona?

як?

ahoana?

де?

aiza?

коли?

oviana?

ім'я

anarana

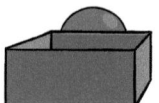

ззаду

aorina

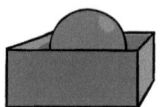

в

anaty

перед

anoloana

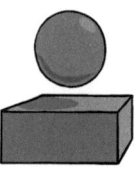

над

any

на

ambony

під

ambany

біля

ankila

між

afovoany

місце

toerana